A L'ASSEMBLÉE NATIONALE.

SUPPLIQUE ET PÉTITION

Des Citoyens de Couleur des Isles & Colonies Françoises,

Sur la Motion faite le 27 Novembre 1789, par M. DE CURT, Député de la Guadeloupe, AU NOM DES COLONIES RÉUNIES, tenaante à faire nommer UN COMITÉ DES COLONIES, composé de VINGT MEM-BRES, mi-partie de DÉPUTÉS des VILLES Maritimes & des Manufactures, ET MI-PARTIE de Députés des COLONIES, pour préparer toutes les matières qui peuvent être relatives à ces possessions importantes (1).

Du 2 Décembre 1789.

NOSSEIGNEURS,

LES Députés des Citoyens de Couleur des Isles & Colonies Françoises manque-

---

(1) Il n'est pas inutile d'observer qu'il n'y a encore que dix Députés des Colonies, en sorte que ces MM. voudroient être *tous Membres du Comité.*

A

roient aux devoirs qu'ils se sont imposé, ils trahiroient la Cause qui leur a été confiée, & qui leur est commune avec leurs Frères, s'ils gardoient le silence dans une occasion aussi importante, dans une circonstance qui peut être décisive pour eux.

La Motion de M. Curt a été débattue dans votre Séance du premier de ce mois; elle a été soutenue, dans tous ses points, par les Députés des Colons blancs; mais personne, dans l'Assemblée, n'a totalement adopté le système qu'ils avoient proposé.

Ceux de MM. les Représentans de la Nation, qui leur ont été les plus favorables, ont demandé que ce Comité fût composé, par tiers, de Magistrats, de Négocians & de Colons; d'autres ont pensé que ces Colons ne devoient pas y être du tout admis:

Enfin, plusieurs, & nous avons cru voir que c'étoit le plus grand nombre, se sont élevés contre le Comité Colonial.

Nous l'avouerons, NOSSEIGNEURS, nous avions cru que parmi les moyens qu'invoqueroient respectivement les Défenseurs & les Adversaires de la Motion, notre cause, nos droits, nos intérêts, nos infortunes ne seroient pas entièrement oubliés; cependant, vous l'avez vu, personne ne s'est élevé en notre faveur; personne ne s'est occupé de nous.

C'eſt ainſi que les Citoyens de Couleur, toujours voués à la honte, au mépris, ſont encore menacés d'un oubli qui pourroit devenir la cauſe de leur perte, la ſource de leur ruine.

Les Députés des Colons Blancs vous ont fait un long & faſtueux détail de l'état préſent & paſſé des Colonies ; ils vous ont dépeint les abus de l'autorité, dont ils diſent être les victimes ; ils ſe ſont élevés contre le Gouvernement, les Miniſtres & leurs Agents ; l'un d'eux, en vous *annonçant la dénonciation prochaine d'un Miniſtre, qu'il dit être juſtement exécré des Colonies*, quoique ſa réputation ſoit intacte, & que la claſſe la plus infortunée des Colonies n'ait eu qu'à ſe louer de ſa juſtice & de ſon humanité ; l'un d'eux, diſons-nous, s'eſt encore plus fortement récrié contre le régime de Saint-Domingue, contre la tirannie des Adminiſtrateurs, le deſpotiſme & l'aviliſſement du Tribunal unique que les Miniſtres y ont établi ; mais, ſemblable à ſes Collègues, il a gardé le ſilence le plus profond ſur les Citoyens de couleur : il veut être le Repréſentant, l'organe, le Défenſeur des Colonies, & cependant il a négligé la majeure partie de leurs Habitans pour vous intéreſſer en faveur de cent mille Citoyens de la Métropole, qu'il ſuppoſe près à périr victimes des changemens dont le nouveau monde est menacé.

Enfin, Nosseigneurs, pour ajouter à l'intérêt que ces importantes possessions ne peuvent manquer de vous inspirer, les Députés des Colons blancs ont provoqué une Lettre des Députés extraordinaires du Commerce ; ils vous ont fait communiquer des extraits d'une Lettre sans date & sans signature, « qui annnoncent à la Martinique une insurrection qui n'existe pas ».

En vous parlant de sa *trop malheureuse Patrie*, l'un des Députés de la Martinique a fondé la nouvelle de l'insurrection sur l'assertion des Colons François réunis à l'Hôtel de Massiac :

Et lorsqu'il a fallu ensuite écarter la réclamation de ces mêmes Colons contre la validité des pouvoirs, vous avez vu le Député de S.-Domingue soutenir « que » cette Assemblée étoit vendue au Ministre » qu'il doit dénoncer ; ensorte que tout ce » qui émanoit d'elle devoit vous être suspect ».

Funeste & fatal aveuglement ! pourquoi faut-il donc que les intérêts particuliers prennent toujours la place des intérêts généraux ? Pourquoi supposer, ou du moins soutenir affirmativement des faits qui ne sont pas prouvés ? Pourquoi ne dire que des mots, lorſqu'il y a tant de choſes à dire, tant de choſes à faire, tant d'abus à redreſſer?

NOSSEIGNEURS, la nouvelle de l'inſurrection de la Martinique n'eſt rien moins que certaine. Nous avons reçu une Lettre du 12 Octobre, ſignée par douze Citoyens, & cette Lettre n'en parle pas. Auroient-ils gardé le ſilence, ſi, comme on ne ceſſe de l'affirmer, depuis que nous nous préſentons à vos Aſſemblées, la Colonie avoit été en feu? Le Gouvernement lui-même n'en ſeroit-il pas inſtruit? Vous le laiſſeroit-il ignorer? Nous ne ſaurions le préſumer.

Après avoir excité votre intérêt, on vous a parlé dés abus qui régnent dans les Colonies; on vous a parlé d'une manière générale des excès auxquels ſe portent les Adminiſtrateurs & leurs Agens: mais on ne vous a point parlé de la tirannie des Blancs, de leur deſpotiſme, de leur cruauté. Eh bien! nous en parlerons nous-même: & puiſque nos ennemis nous y forcent, nous publierons, *& vous en frémirez*, nous publierons les preuves authentiques du régime honteux, ſous lequel les Citoyens de couleur ont toujours vêcu.

Et qu'on ne diſe pas que nos plaintes ſont imaginaires; que les faits ſont controuvés; ce ſont nos adverſaires; eux-mêmes qui vont nous en fournir les preuves; *c'eſt*

M. Moreau de S.-Méry, *Auteur*, que nous prendrons la liberté d'opposer aux Députés des Colons blancs. (1)

Nous avons dit, *& malgré la dénégation hazardée par quelques Députés des Colons blancs*, nous ne cesserons de repéter que l'ambition, la fausse politique, & sur-tout le préjugé le plus avilissant avoient introduit & perpétué, dans nos Isles, une seconde classe de Citoyens que les loix primitives avoient proscrit.

Contre les intentions bienfaisantes du Souverain, contre les vûes paternelles, quarante-mille François ont été confondus avec les *Esclaves;* ils ont été privés des droits de cité, & leurs gémissements circonscrits dans nos Isles, ne sont jamais parvenus jusques au Souverain.

Au mépris des Articles LVII & LIX de l'Edit de 1685, " qui veulent que les " affranchissements tiennent lieu de naissance " dans les Isles ; & que les Affranchis, & à " plus forte raison leurs descendants, jouis- " sent des mêmes droits, priviléges & im- " munités dont jouissent les personnes li-

---

M. Moreau de S.-Méry a recueilli, dans un Ouvrage en 5 vol. *in-4°*, les Loix, Edits, Arrêts, Ordonnances & Réglemens des Colonies françoises de l'Amérique, sous le vent.

» bres, » il s'eſt introduit des loix, des régles, des uſages abſolument contraires.

Le 26 Décembre 1703, un Miniſtre écrivoit à un Gouverneur-Général des Colonies :

« Le Roi ne veut pas, Monſieur, *que* » *les Lettres de Nobleſſe des ſieurs . . . . .,* » *ſoient examinées ni reçues, PUISQU'ILS* » *ONT ÉPOUSÉ DES MULATRESSES ; ni* » *que vous permettiez qu'on rende aucun juge-* » *ment pour la repréſentation de leurs Lettres* (1).

Le 7 Octobre 1733, le Général écrit au Gouverneur du Cap :

« *L'ordre du Roi, Monſieur, eſt que tout Habitant de ſang mêlé, ne puiſſe exercer aucune Charge dans la Judicature ni dans les Milices. Je veux auſſi que tout Habitant qui ſe mariera avec une Négreſſe ou Mulâtreſſe, ne puiſſe être Officier, ni poſſéder aucun emploi dans la Colonie ; je vous prie d'obſerver ces deux points ; & au cas que je ſois informé qu'on ne l'ait pas été d'un fait auſſi important, je* caſſerai*, lorſque j'en aurai connoiſſance, les Officiers qui ſeront dans les Milices, ou qui auront d'autres emplois. J'ai l'honneur, &c.* Signé*, le Marquis de Fayet.* »

---

(1) Cette Lettre & les Pièces ſuivantes, ſont toutes extraites de l'Ouvrage de *M. Moreau de S.-Méry.*

Le 14 Mars 1741, une lettre du Miniſtre, provoquée par les Adminiſtrateurs de S.-Domingue, » autoriſe l'*USAGE* où ſont les Officiers, Majors, & Commandants de quartier à S.-Domingue, d'avoir, par ſemaine, chez eux un Nègre ou Mulâtre libre, pour porter les ordres qu'ils ont à donner. »

Nous répéterons ici que M. de la Luzerne avoit ſupprimé cet uſage oppreſſif. Il a été rétabli depuis que la Colonie a changé de Gouverneur.

Le 7 Août 1758, un Arrêt du Conſeil du Cap, Art. 17, « fait défenſes à tous » Négres ou Mulâtres libres de retirer chez » eux aucuns Négres Marons, à peine d'ê- » tre déchus de leur Liberté, *& d'être ven-* » *dus avec leur famille réſidente chez eux*, au » profit du Roi ; à la réſerve du tiers qui » ſera donné au Dénonciateur ».

Le 24 Septembre 1761, le Conſeil du Cap rend un Arrêt « qui fait défenſes aux » Notaires de plus paſſer des Actes *entre* » *ou avec des Libres ou Affranchis, ſans y* » *exprimer leurs qualités de Négres, Mulâtres* » *ou Quarterons Libres* ; à peine d'interdic- » tion pour ſix mois de leurs fonctions, » pour la première fois, & de révocation » de leurs Commiſſions, pour la ſeconde » fois ».

Le 17 Avril 1762, dans un tems de dé- treſſe, le Juge de Police du Cap a la cruau-

té de rendre un ordonnance, « qui défend
» aux Boulangers *de vendre du Pain aux*
» *Gens de Couleur*, MÊME LIBRES, à peine
» de 500 liv. d'amende ».

La même Ordonnance « défend aux Né-
» gociants & Capitaines des Navires Mar-
» chands & autres, de vendre de la Farine
» aux Gens de Couleur, sous les mêmes
» peines ».

Le 29 Mai 1762, une Ordonnance du
Général « défend à tous Nègres ou Mulâ-
» tres Libres de porter leurs armes ».

Les Blancs ont seuls ce Privilége. Ils
sont TOUS EGAUX, TOUS SOLDATS, TOUS
OFFICIERS, TOUS NOBLES; les Citoyens
de couleur seuls sont privés de tous ces
avantages,

Et les Députés des Colons blancs prétendent que nous n'avons pas à nous plain-
dre !

Le 20 Juin 1762, le Gouverneur de S.-
Domingue, M. de *Bory*, rend une Ordonnance concernant les Milices : & sa justice
ne se souléve pas en traçant lui-même,
entre les Blancs & les Citoyens de couleur,
la ligne de démarcation, que les Députés
des Colons blancs prétendent néanmoins
ne pas exister.

« *La Nature* ayant *établi trois Classes*
» *différentes d'hommes*; savoir, *les Blancs,*
» *les sang-mêlés, & les Mulâtres ou Nègres*

A 5

» *Libres*, *on observera toujours cette différence*
» *dans la composition des Milices*, *de sorte*
» *que sous quelque prétexte*, *& sous quelque*
» *dénomination que ce soit*, ON NE PUISSE
» JAMAIS FAIRE DES COMPAGNIES MÉ-
» LÉES DE DEUX ESPÉCES DIFFÉREN-
» TES ».

La même Ordonnance ; Article XXII, rappelle « que les Compagnies de Mulâtres » & Négres-libres seront composées comme » auparavant, & commandées de même » ; *c'est-à-dire par les Colons* BLANCS.

Le 30 Avril 1764, on publie sous le nom du Roi, sous ce nom respectable & sacré, dont on a tant abusé, une Ordonnance qui vous donnera peut-être encore, Nosseigneurs, une idée plus précise de l'état d'abjection auquel les Citoyens de Couleur ont été voués.

ART. XVI.

« *Défend très-expressément Sa Majesté*, *aux* » *Négres & Gens de Couleur libres*, *d'exercer* » *la Médecine ou la Chirurgie*, *ni faire aucuns* » *traitemens de Malades*, *sous quelques pré-* » *texte que ce soit*; *à peine de* 500 *livres* » *d'amende pour chaque contrevenant au* » *présent Article*, *& de punition corporelle*, » *suivant l'exigeance des cas* ».

Le 15 Janvier 1765, M. le Comte d'Es-taing rend une Ordonnance générale con-

cernant les Milices : & les Citoyens de couleur, y font encore réduits au rang de Soldats ; *nul d'entr'eux ne peut parvenir au rang
d'Officier.*

En aviliſſant les Citoyens de Couleur,
en les claſſant ſous des dénominations éga-
lement injurieuſes, les Réglemens ne man-
quent jamais de relever l'excellence des
Blancs ; on en trouve une preuve ſingulière
dans le Réglement que nous venons de citer.

ART. I, II, III.

» Les *Mulâtres, Griffes* & *Nègres - libres*
» qui auront fait à la guerre, ou dans les
» chaſſes des Nègres Marons, des actions
» d'une valeur diſtinguée, ET CEUX QUI
» AURONT SAUVÉ LA VIE A UN BLANC,
» *en expoant la leur* POUR CONSERVER LA
» SIENNE, obtiendront la médaille de la
» valeur ».

Le 30 Octobre 1770, le conſeil du Cap,
convoque une Aſſemblée-Coloniale.

Le 31, l'Aſſemblée ſe forme. Nous
avons examiné le Procès - verbal. Il ſera
mis ſous les yeux de l'Aſſemblée-Nationale ;
& quoique les Députés des Colons Blancs
prétendent aujourd'hui que les Citoyens
de Couleur doivent & peuvent ſe trouver
à ces Aſſemblées, qu'ils aillent même juſ-
qu'à dire, *ſans cependant ſe permettre de
l'écrire,* » que les Citoyens de Couleur ont

A 6

» affifté aux Affemblées dans lefquelles il
» prétendent avoir été nommés », on ne
voit pas dans ce Procès-verbal, qu'il foit
fait mention d'aucun d'entr'eux. Les Blancs
feuls y ont été appellés ; feuls ils y font
dénommés, défignés. C'étoit néanmoins dans
cette Affemblée, qu'on procédoit à la ré-
partition de l'Impôt.

Mais pourfuivons.

Le 27 Mai 1771, le Miniftre, toujours
imbu des principes & des préjugés que les
Colons blancs avoient intérêt de perpétuer,
écrit la lettre fuivante aux Adminiftrateurs
de S.-Domingue.

« J'ai rendu compte au Roi de la Lettre de
MM. de Nolivos & Bongars, du 10 Avril
1770, contenant leurs réflexions fur la demande qu'ont fait les fieurs... de Lettres-Pa-
tentes, qui les déclarent iffus de Race Indienne. S. M. n'a pas jugé à propos de la
leur accorder ; elle a penfé *qu'une pareille
grâce tendroit à détruire la différence que la
Nature a mife entre les Blancs & les Noirs,
& QUE LE PRÉJUGÉ POLITIQUE A EU
SOIN D'ENTRETENIR, comme une diftance
à laquelle les Gens de Couleur & leurs defcen-
dans ne DEVOIENT JAMAIS ATTEINDRE;*
enfin qu'il importoit au bon ordre de ne
pas *affoiblir L'ETAT D'HUMILIATION AT-
TACHÉ A L'ESPECE, DANS QUELQUE DE-
GRÉ QU'ELLE SE TROUVE ; préjugé d'autant*

plus utile, qu'il est dans le cœur même dès Esclaves, & qu'il contribue principalement au repos des Colonies. S. M. a approuvé, en conséquence, que vous ayez refusé de solliciter pour les sieurs .... la faveur d'être déclarés issus de Race Indienne, & Elle vous recommande de ne favoriser, sous aucun prétexte, LES ALLIANCES DES BLANCS AVEC LES FILLES DE SANG-MÊLÉ. Ce que j'ai marqué à M. le Comte de Nolivos, le 14 de ce mois, au sujet de M. le Marquis de ...., Capitaine d'une compagnie de Dragons, qui a épousé en France une fille de sang-mêlé, & qui, par cette raison, ne peut plus servir à S. Domingue (de comprendre sa Compagnie dans les Emplois vacans), vous prouve combien S. M. est déterminée à maintenir le principe QUI DOIT ÉCARTER A JAMAIS LES GENS DE COULEUR, ET LEUR POSTERITÉ DE TOUS LES AVANTAGES ATTACHÉS AUX BLANCS.

Le 23 Mai, 1772, une Ordonnance des Administrateurs « défend, Art. VI, sous » peine de Prison, aux gens de Couleur & » aux Nègres libres, les danses de nuit ou » Kalendas, leur permet-elle seulement de » s'assembler pour danser le jour jusqu'à neuf » heures SEULEMENT, en prenant toutefois » & préalablement l'attache du Juge de Police ».

Les 24 Juin & 16 Juillet 1773, les Administrateurs font un Réglement concernant

les citoyens de couleur, on y lit « que le
» nom d'une race blanche ufurpée peut
» mettre du doute dans l'état des perfon-
» nes, jetter de la confufion dans l'ordre
» des fucceffions, *ET DÉTRUIRE enfin,*
» *entre les Blancs & les Gens de couleur,*
» *CETTE BARRIÈRE INSURMONTABLE,*
» *que L'OPINION PUBLIQUE a pofée, &*
» *que la Sageffe du Gouvernement* main-
» tient.

» En conféquence il eft enjoint *à toutes*
» *Négreffes & Mulâtreffes, Quarteronnes, &*
» *Métives LIBRES,* de donner à leurs en-
» fants, un *furnom tiré de l'Idiôme africain,*
» *ou de leur métier & Couleur* ».

Le 25 Septembre 1771, le Miniftre écrit
aux Adminiftrateurs de S.-Domingue.

« Je fuis inftruit que les Habitans des
» Colonies *qui ont contracté, avec des filles*
» *de fang-mêlé, des alliances QUI LES REN-*
» *DENT INHABILES A JOUIR D'AUCUNS*
» *PRIVILÉGES,* fe font faits pourvoir en
» *France de charges auxquelles la Nobleffe eft*
» *attachée, & dont ils ont cherché à étendre*
» *l'effet dans les Colonies, en follicitant ici*
» *des ordres néceffaires pour l'enregiftrement*
» *de leurs titres dans les Confeils Supérieurs.*
» *Comme il eft important de maintenir dans les*
» *Colonies les principes qui y font établis*
» *CONTRE LE SANG-MELÉ,* Sa Majefté
» approuve que, nonobftant les ordres qui

» auroient été surpris, les Conseils Supé-
» rieurs suspendent *l'enregistrement des titres*
» *des personnes qui auroient une pareille ori-*
» *gine*; *EN OBSERVANT* cependant d'en
» conftater les motifs, par un Arrêté dont
» *ils vous remettront une expédition* que vous
» voudrez bien m'envoyer, pour que je
» puisse en rendre compte au Roi ».

Vous ne doutez pas, Nosseigneurs, qu'a-
vec un régime aussi tyrannique, la verge
de fer, dont vous parloient hier les Députés
de S.-Domingue, ne se soit appesantie avec
la dernière rigueur sur les Citoyens qui en
font les principaux objets. Vous pouvez
en juger par une Lettre du Ministre, aux
Administrateurs de la Colonie, du 13 Mars
1778, elle est ainsi conçue :

« Je vous envoye plusieurs Exemplaires
» d'un Arrêt du Conseil supérieur, de l'Isle
» de France, du 18 Août 1777, qui con-
» damne un *Négre-libre* à être pendu pour
» *injures* & attentats prémidités en la per-
» sonne de M. Foulcault. Comme il est né-
» cessaire de *contenir les Négres-libres* &
» Esclaves dans la subordination, l'inten-
» tion de Sa Majesté est que cet Arrêt soit
» rendu public à S.-Domingue ; vous vou-
» drez bien donner les ordres nécessaires à
» cet effet, & m'en rendre compte ».

On se rappelle que l'Edit de 1685, mettant
les Affranchis sur la même ligne que les

Blancs avoit enjoint aux Maîtres, d'épouser même les Esclaves dont ils avoient eu des enfans. Eh bien ! indépendamment de l'usage qui s'étoit écarté de cette loi, un Arrêt du Conseil, du 5 Avril 1778, « fait défenses aux Blancs de l'un & de » l'autre sexe, de contracter mariage avec » les Mulâtres, ou autres Gens de Couleur, » jusqu'à ce qu'il ait été pourvu sur leur » état par telle loi qu'il appartiendra ».

Un Réglement provisoire des Administrateurs du 9 Février 1779, concernant le luxe prétendu des Citoyens de couleur, établit d'une manière encore plus précise la différence de classes & l'abbaissement inconcevable, que l'on a cependant le courage de désavouer.

Parmi les moyens qui déterminent les Administrateurs, ils allèguent sur-tout *« l'assimilation des gens de couleur avec les personnes blanches dans la manière de se vêtir, le RAPPROCHEMENT DES DISTANCES D'UNE ESPÈCE A L'AUTRE dans la forme des habillements, & contre lesquels il est très-important d'exciter la vigilance de la Police.*

En conséquence, l'Article Ier, enjoint *» aux gens de couleur, ingénus ou affranchis, » de l'un ou de l'autre sexe, de porter le plus » grand respect, non-seulement à leurs anciens » maîtres, Patrons, Bienveillans, leurs veu- » ves ou enfants, mais encore à tous les blancs*

» *en général*, à peine d'être POURSUIVIS
» EXTRAORDINAIREMENT , fi le cas y
» échet, & punis felon la rigueur des Or-
» donnances , même PAR LA PERTE DE
» LA LIBERTÉ, *fi le manquement le mérite.*

L'Article II, « leur défend très-expref-
» fément d'affecter dans leurs vêtemens,
» coeffures, habillements ou parures , *une*
» ASSIMILATION REPRÉHENSIBLE AVEC LA
» MANIERE DE SE METTRE DES HOMMES
» BLANCS ou *femmes blanches.*

Ainfi, la liberté des Citoyens de couleur n'eft abfolument qu'une chimère.

L'état Eccléfiaftique leur eft interdit.

Dans le Civil , dans le Militaire, les places d'honneur, celles même qui ne font que lucratives, leur font refufées.

Leur alliance eft notée d'infamie, leur fociété eft une tache. Leur dénomination n'eft jamais oubliée , & cette dénomina-tion que l'on cherche à perpétuer, en la faifant rigoureufement configner dans tous les actes , eft un titre de reprobation qu'on ne manque jamais de leur oppofer.

Leurs plaifirs, leurs parures, leurs habits, tout eft pour les Blancs un fujet d'avilife-ment & de mépris. Nous fommes encore à concevoir comment ils ne leur ont pas ravi ou du moins contefté la qualité d'*Hom-mes* qu'ils partagent avec eux.

Ces tableaux, que les Citoyens de couleur

n'ont-pas pu charger, puifqu'ils réfident dans les Actes mêmes qu'ils ont tranfcrits, tout effrayants qu'ils font, deviendroient bien plus hideux encore, fi nous vous difions que les Citoyens de couleur, quoique vexés, opprimés, écrafés par le dernier des Blancs que fes vices ou fon inconduite rejettent fur les côtes de S.-Domingue, font les défenfeurs & les premiers foutiens des Colonies ; que ce font eux qui forment la plus grande partie des Milices ; que, dans tous les temps, ils ont donné des preuves de leur patriotifme & de leur courage ; que les Adminiftrateurs ont trouvé parmi eux, auffitôt qu'ils l'ont défiré, des Corps de Volontaires qu'on a toujours foumis au commandement des Blancs.

Et cependant, quels reproches peut-on faire aux Citoyens de couleur ? Quel tort pourra-t-on leur imputer ? quel crime ont-ils commis ? Aucuns. Jamais ils n'ont fait ni excité aucun foulévement : livrés à l'excès des paffions les plus violentes, le défefpoir ne les a même jamais égarés.

Mais ces excès doivent avoir un terme ; & le temps eft venu où les Citoyens de couleur doivent les faire ceffer.

Les Députés des Colons blancs vous ont dit, NOSSEIGNEURS, que leurs Commettans ne vouloient reconnoître que l'Affemblée Nationale. C'eft dans elle auffi que nous efpérons. C'eft en elle que repofent les intérêts les plus chers de la Nation ; c'eft par elle que les Citoyens de couleur veulent & doivent être régénérés.

Vous ne participerez pas, aux préjugés odieux dont nous follicitons la profcription; vous ne vouslaifferez pas furprendre par les allégations de nos Ennemis. Avant même de prononcer fur la motion de M. de CURT, vous daignerez ftatuer fur le fort des Citoyens de couleur.

Ils font en inftance devant vous ; leur Adreffe a été entendue & admife ; les pouvoirs de leurs Députés font au Comité de vérification : il faut les voir, les entendre, les juger.

Ce ne fera qu'après les avoir jugés que vous pourrez prononcer fur la néceffité d'un Comité Colonial. Ce ne fera qu'après avoir entendu les Citoyens de couleur, que vous pourrez prononcer fur les befoins & la Conftitution des Colonies.

NOSSEIGNEURS, les Blancs ne vous ont parlé que de leurs maux, ils font prefque tous imaginaires : c'eft un conflit d'autorité qu'ils élévent entr'eux & les Adminiftateurs des Colonies ; & certes ce conflit ne nous intéreffe que pour augmenter nos craintes, pour accroître notre défefpoir.

Les Citoyens de couleur ont dénoncé des maux bien plus réels. Ces maux doivent être reformés, & pour les reformer il faut les connoître, il faut entendre ceux qui en font l'objet, ceux qui peuvent y prendre intérêt. Il ne faut pas les livrer à ceux qui, par état, & peut être par inclination, font dans le cas de les perpétuer.

Ce feroit cependant, NOSSEIGNEURS, ce qui arriveroit, si vous établissiez un Comité, composé même en partie de Colons blancs. L'inconvénient disparoîtroit, si les Citoyens de Couleur y étoient admis concurremment avec eux. Mais pour les y admettre, il faut que leurs pouvoirs foient vérifiés; il faut que leurs plaintes aient été entendues; il faut que l'Affemblée Nationale ait prononcé: il faut, en un mot, que la balance foit la même pour les Blancs & les Citoyens de Couleur.

Or elle ne l'eſt pas; elle ne le fera jamais, tant que nos adverfaires, fiégeant au milieu de vous, ne parleront que d'eux; ne vous entretiendront que de leurs intérêts; elle ne le fera pas, tant que les Citoyens de Couleur ne pourront pas oppofer à toutes leurs allégations des réponfes, une défenfe que leur intérêt, & la connoiffance des localités, rendront plus intéreffantes & plus précieufes. La défenfe eſt de droit naturel; elle doit être entendue; & l'Affemblée-Nationale s'en eſt trop conftamment montrée la protectrice pour ne pas la leur accorder.

Le surfis fur la motion de M. CURT, devient la conféquence néceffaire de ces obfervations. Il ne nuit à perfonne ; il ne préjuge rien ; il laiffe tous les droits dans leur entier. C'eft tout ce que les Députés des Colons blancs peuvent demander.

Dans ces circonftances, les Citoyens de couleur demandent qu'il plaife à L'ASSEM-BLÉE-NATIONALE décréter qu'il fera furfis à prononcer fur la motion de M de CURT, jufqu'à ce que le Comité de vérification auquel la demande, les pouvoirs & les pièces des Citoyens de couleur ont été renvoyés, en ait fait le rapport. Les Citoyens de couleur fe réfervant de foumettre incef-famment leurs obfervations, tant fur la formation du Comité demandé par M. CURT, que fur le travail qu'on voudroit lui confier.

Fait à Paris, au Comité des Citoyens de couleur, le 2 Décembre 1789.

DE JOLY ; RAIMOND, *aîné* ; OGÉ, *jeune* ; DU SOUCHET DE S.-RÉAL ; HONORÉ DE S. - ALBERT, *Habitant de la Martinique*, FLEURY ;

Tous Commiffaires & Députés des Citoyens de couleur des Ifles & Colonies Françoifes.